박미현 시집

체위에 관한 질문

체위에 관한 질문

인쇄 · 2025년 8월 10일 | 발행 · 2025년 8월 20일

지은이 · 박미현
펴낸이 · 한봉숙
펴낸곳 · 푸른사상사

주간 · 맹문재 | 편집 · 지순이, 김수란
등록 · 1999년 7월 8일 제2-2876호
주소 · 경기도 파주시 회동길 337-16(서패동 470-6) 푸른사상사
대표전화 · 031) 955-9111(2) | 팩시밀리 · 031) 955-9114
이메일 · prun21c@hanmail.net
홈페이지 · http://www.prun21c.com

ⓒ박미현, 2025

ISBN 979-11-308-2316-4   03810
값 12,000원

• 저자와의 합의에 의해 인지는 생략합니다.
• 이 도서의 전부 또는 일부 내용을 재사용하려면 사전에 저작권자와
  푸른사상사의 서면에 의한 동의를 받아야 합니다.
• 이 도서의 표지와 본문 레이아웃 디자인에 대한 권리는 푸른사상사에
  있습니다.

푸른사상
시선

210

체위에 관한 질문

박미현 시집

| 시인의 말 |

많고 많은 별들 중에서

은하계 가장 변두리에 있다는

지구라는 별에서 태어난 나는

자주,

사랑하지 못해 불안했다

2025년 8월
박미현

| 차례 |

■ 시인의 말

제1부

슬픔의 방	13
혼자의 혼자	14
이중생활	16
작은 시	17
슬픔에 대하여	18
길 위에서	20
보문사에서	22
항공기(記)	24
가을	25
같다	26
식물성	28
주소	29
이기적인 슬픔	30
향일암에서	32
죽음에 관한 보고	33
꽃이 피다	34
나는 조금 슬프다	36

제2부

너무 단순하고 아득한	41
숲의 날들	42
체위에 관한 질문	44
모모	46
창문 넘어	49
안녕 소나타	50
사라지는 모든 것	52
'들'	54
서로의 혼자	56
인간성	58
여행처럼	60
아프니까 씁니까	62
방심	64
들꽃	66
등	67
헤어질 순간	68

| 차례 |

제3부

오래된 슬픔	73
사회생활	74
구멍	78
잡초	80
벽제에서	82
슬픔은 항상 옳습니다	84
무슨 말이든 하는 게 좋습니다	86
아마도	88
그들도 우리처럼	90
디지털 자본주의	92
오래된 고독	94
평범을 위하여	96
오래된 내일	98
거리	100
오래된 미래	102

제4부

기일	107
딩딩딩	108
가족	110
여자의 여자	112
아메리칸 스타일	114
중년이 되어	116
이선균	118
가이드	119
아는 여자	120
고전적인 생활	122
아파트	124
그해 겨울	126
화투 치는 밤	127
우리 사랑 그 어느 날에 만날까	128

■ 작품 해설 슬픔의 사랑론 – 맹문재   130

제1부

슬픔의 방

나는 나의 슬픔을 오래도록 바라볼 수 없어
고양이처럼 쪼그리고 잠을 자나

나의 슬픔조차 보지 못하는 나는
당신을 볼 수 없나

눈이 없는 나는
귀가 없나

세 개의 방에는 세 개의 슬픔

자기만의 방에서 고양이처럼 손가락 장난을 하나

귀가 없는 나는
구름이 없나
비가 없나

얼굴이 없나
슬픔이 없나

혼자의 혼자

광장으로 가는 지하철에서
혼자들과 따로 같이
나는 혼자였다

시청역에 내려서
길게 줄을 선 화장실에서
세상을 뒤집는 아우성 속에서
행진하는 거리에서도
더불어 나는 혼자였다

행진을 마친 사람들이
뒷골목으로 어디로 흩어지고
집으로 돌아와
맥주를 마실 때도
나는 혼자였다

늦은 밤
소파에 누워 티브이를 보다가

반쯤 졸다가
침대로 가서
알람을 맞추고 누워서도
나는 혼자였다

유튜브를 틀어놓고
혼자인 내가
잠이 들었다

이중생활

내세울 것 하나 없는 인생이
생각 없이 살긴 싫어서

완전히 숙이지도
안 숙이는 것도 아닌
어중간한 자세로
이리 맞추고 저리 맞추면서

틈틈이 여행도 가고
숨을 고르고 몰아쉬면서
그래도 의식 없이 살긴 싫어서

이기진 못해도
할 말은 하고
나보다 더 큰 나를
밀고 당기면서

내 뜻대로 살면서
하나님 눈치 보면서

작은 시

늦은 나이에 대학 가서 배운 건
불평할 줄 아는 시인 김수영

슬퍼할 의무와 책임을 동반하며

나와 함께 살아온 나는
나를 추구하는 나는

나를 견디는 것이
세상을 견디는 것인 나는

믿을 건 슬픔뿐인
기도가 전부인 나는

나밖에 될 수 없는
어쩔 수 없는 나는

슬픔에 대하여

귀가 아프게 운다

편의점을 지나
아이를 지나
자전거를 지나
사거리를 지나

우는 게 생이라는 듯
온 힘을 다해
목이 터져라
울음 우는 매미들

나도 설움에 겨워 꺼억꺼억 운 적 있지
누군가의 슬픔에 기대어 울기도 했지

생은 잘 버무려진
슬픔 같은 거라고
힘껏 울음을 껴안는 거라고

울다 보면
슬픔이 나를 위로했지
힘이 되었지

길 위에서

길 위에 서면
많은 사람들이 걷고 있다는 것을 알게 된다

어떤 길에서는
너무 심각했고
외로워서 이혼 못 한다는 그녀가 생각났다

윤리가 아닌 자유로운 영혼을 욕망했던 시절에 대해
보이는 것과 실존의 오류에 대해
기억은 편집되거나 시들해졌다

단 한 번만이라도 망가진 적이 있었던가
잃어버린 무엇이 있긴 있었던가
일상은 획일적이고 모조품 같다

나는 익숙한 길을 좋아했으며
끝까지 절망하지도 희망을 가져본 적도 없다

아무도 나를 지켜주지 않았기에
단지 무장하지 않으면 안 되었고
그건 너무도 당연한 일이었지만

세상이 온통 길이라는 듯
길이 생존이라는 듯
누구나 혼자 걷고 있는 이 길

길 위에 서면
이미 나는 너무 많은 것을 지나왔으며
나의 한계와 평범을 아는 것 같다

보문사에서

둘둘 말고 있는 김밥이 기찻길 같다는 생각

기찻길 옆 마을은 떠나왔지만
내 불안의 씨앗은 살아 있다는 생각

기적 소리 멀어져갈 때면
모르게 모르게 아팠던
어딘가로 도망치고 싶었던
무슨 장막 같은 걸 부수고 싶었던
까닭 모를 비애

꽃이 펴서 봄이 오는 걸까
봄이 와서 꽃이 피는 걸까*

보문사에서 만난 큰 와불님
형상 있는 것들은 다 사라져 없어진다
한 말씀 던지시는데

그때가 좋았지
그때가 좋았지
얼얼하던 그때가 좋았지

내 삶을 지탱해준 건 슬픔이란 생각

우중 산사에서 만난 상춘객들이
오백 나한처럼 생사를 넘은 부처란 생각

* 영화 〈호우시절〉 중에서

항공기(記)

 그렁그렁 시골버스 같은 항공기가 젖 먹던 힘까지 다 끌어올리려는 듯 안간힘을 씁니다

 한 번의 비상은 한 번의 생일 거라고

 시속 800킬로의 가공할 속도에서 보는 산이며 바다며 건물들은 소꿉장난만 같습니다

 높이와 낮이 굴곡과 선으로 연결된 지상은 바닥에 바짝 엎드린 형국인데요

 보이지 않는 것들의 부재가 당혹스럽습니다 나는 과연 존재했던 걸까요

 허울 같은 허상 같은 존재와 부재를 내려다보는 이 기분 아시겠어요

가을

낙엽 쓰는 소리
낙엽 쓸리는 소리

나는 하늘을 덮고 누워
명강의를 듣고 있다

같다

같다, 는 혼자 있지 않고
그 무엇 쪽에 기울어 있다

그 곁에서 빙빙 돌고
같다, 처럼 나는 그 언저리에 있다

어떤 확신을 가진다는 건 겁나는 일
어떤 확신을 고수한다는 건 위험한 일

같다, 는 책임도 방임도 아닌
어중간한 나 같은 것

이쪽과 저쪽을 아우르며
겁에도 위험에도 노출되지 않고

부드럽고 안전하고 친절하며
불투명하고 불분명한 나 같은 것

같다, 는 적절과 적당 사이에서
같으면서 같지 않기를 바라고

언제든 빠져나갈 구멍을 준비하며
독자 노선을 추구하는 나 같은 것

식물성

허리가 반쯤 꺾인 줄기
유리 벽은 식물의 감정

<u>음음음 음음음</u>
깨지지 않는 리듬

나는 식물의 동족

<u>음음음 음음음</u>
쓸쓸한 노래를 슬프게 고쳐 부르고

소행성처럼 무수히 많은 저녁

기억이 기억을 먹는 식물성 우울

내 몸엔 식물의 사전이 박혀 있다

주소

사람들과 헤어져 오는 길

불빛들을 지나
차가운 바람을 지나
고양이를 지나
씽씽을 지나
낄낄을 지나
혼자를 지나
모퉁이를 지나
벽을 지나
바닥을 지나

더 이상 갈 수 없는 곳
박미현이라는 주소

이기적인 슬픔

들어오지도 나가지도 않는
출입구가 사라진 사람

서류를 제출하듯
밀린 숙제처럼 우는 울음
전화기를 통해 새겨지는 문장

발작처럼
급행처럼
고장 난 무인 발급기처럼
되다 안 되다를 반복하고

푹푹 빠진 발처럼
밟힌 심장처럼
자기 상처에 몰입하는 사람

자신이 제공한 잘못과 단서를 잃어버린
말이 천직인

말을 할수록 말에서 멀어지는

전화기에 대고
신분증과 이력서를 제출하듯
자기 슬픔에 호소하는

향일암에서

한 사람이 겨우 지나갈 수 있는 해탈문처럼

삶이란 겨우를 지나야 갈 수 있는 길

원효가 참선을 했다는 큰 바위가 바다를 향해 있는 이유

돈도 명예도 사람도 거리 두기가 좌표란 생각

잠시 잠깐 번뇌를 내려놓고 복을 빌고 가는 사람들

속세가 기암절벽인 거다

살아가는 일이 참선인 거다

죽음에 관한 보고

집단무의식 같은
현대는 게임 같아요
중독 같아요

생은 막연한 도피처
일이니지 않은 것들에게
안녕? 안부를 묻고
죽음만 한 삶이 또 있을까
아는 체하지만

우리의 진실은 후퇴하고
인간에 의해 인간을 망치는 죽음의 행사
문명은 죽음에 관한 보고 같아요

말해진 말들이 나를 덮치고
어떤 후회는 절벽 같아요

나의 적은 나
인간의 적은 인간 같아요

꽃이 피다

살아 있는 유일한 증거처럼
어떤 초조함이 나를 질질 끌고 다녔다

불안은 날마다 시계추처럼 흔들렸고
계란 콩나물 두부 야채를 사랑하고
사랑은 요리에 필수적이고
쉽고 간편하고 익숙한 재료를 좋아하고
사랑한다고 키득거리고

언제 끝날지 모를 시간에 대해
속도에 대해
아파트 주변을 어슬렁거리고
긍정은 슬픔을 방해하고

기기에서 거래 취소가 뜨고
나는 취소된 사람이 되고

한 여자가 아닌

한 사람이 되고 싶었던

감정에 꽃이 피고

나는 조금 슬프다

다른 사람은 몰라도
나는 아는 거 같아요
나 이런 사람인 거 같아요

인간의 얼굴은 어디까진가
나쁜 생각을 하며
시를 쓰고

아무 일도 일어나지 않는 날
슬픔을 대신할 상실의 시간

나 어떡해 나 어떡해
반성이 잘 안 되는 거 같아요

여기 와본 적이 없는데
와본 것만 같아요
점점 희박해지는 거 같아요

나는 항상 조금 슬픈 거 같아요

없는 것처럼 사는 사람 같아요

제2부

너무 단순하고 아득한

하루가 낙엽처럼 쌓이면
백 년이 된다지요

천번 만번 살다 보면
우리들 조그만 마음은 사람꽃 되겠고요

마주 앉은 당신 모습
세월 보듯이 들여다보게 되네요

당신의 배경이 어두워집니다
윤곽이랄까 실루엣이랄까

원점으로 돌아오는 이 기분
우리 참 아득한 거 같아요

숲의 날들

그와 나의 우정은 오래되었지요
안심이 되는 건 아닙니다만
우정에는 뿌리 깊은 나무가 살기에

늙어가는 그처럼
지식도 쭈글쭈글해지고
그는 늘 화가 나 있었죠
그처럼 나도 나이 먹었죠

너무 조용한 날들
혼자가 되어가는
그 기분 알 거 같아요
같이 늙어가는 기분

우정의 숲에서
지식을 공유하며
기다리는 세계를 생각해요

벽도 밀면 문이 된다는
문장을 읽고 난 오후처럼
나는 슬픔을 믿는 사람

우리의 미래도 이미 늙었다고
한 잎 두 잎 떨어지는 세월을
가만히 만지작거려요

체위에 관한 질문

체위를 가진 적 있으세요?

안간힘을 다해
소리다운 소리를 지른 적
아득한 깊이에 닿은 적
온전히 자신이 되어본 적 있으세요?

더 더
갈 때까지 간 적
다 다
벗은 적 있으세요?

아 아
느끼는 척
좋은 척

그럴듯한 비유와 상징으로
구멍을 속이고

상대를 속이고

관계를 유지시킨 적
그런 적 있으세요?

시를 쓴 적 있으세요?

모모

1. 담배

타와 아의 결탁
병 주고 위로도 준다

소문은 서책 같고
당신의 배후가 보여
결심은 과거 같아 쳇바퀴 같아
결별이 안 돼

당신과 나는
문장이 안 되고
비문만 되는 것 같아

2. 드라마

개혁이 안 되니 드라마가 대신 대본을 쓰고
사랑이 안 되니 드라마가 대신 사랑을 연출하고
가족이 안 되니 드라마가 대신 가족을 구성하고

희망이 안 되니 드라마가 대신 희망을 방영하고
진보가 무너지니 가짜가 득세하고
세상이 안 될수록 드라마는 두둑해지고
왜 때문에 왜 때문에 질문을 하고

   3. 외도

책, 하고 발음을 할 때
벌어지는 입술의 높이와 멈춤
그 느낌과 여운을 좋아해요

어머니, 당신은 자꾸 흘러내려요
은유도 안 되고 상징도 안 되고 말아요

나의 유일한 미덕은
갈 데까지 완전히 가지 않는 엉거주춤

당신의 소식은 용건만 간단히

더 큰 우울을 낳고 말아요
한도를 초과하고 말아요

언어의 첨탑은 나를 질식시켜요

창문 넘어

불을 끄자
텔레비전 화면이 푸른 달처럼 환했다

어린 짐승 같은
사내의 숨소리가 달을 스쳤다

책과 시를 좋아했던 사내
이따금 숨이 들썩였다

살과 살이 맞닿아본 지 오래된 체온

이 밤이 없었다면
사내는 영원히 쉬지 않았으리
세상이 벽이었으리

창문 넘어 들어온 별이
희끗희끗한 사내의 머리칼을 쓰다듬었다

안녕 소나타

희망재단 지하 주차장에서 나오다가 긁히고
병원 주차장에서 누가 또 긁고 가고
후진하는데 프라이드가 와서 박고
커다란 돌부리에 걸려서 견인차를 부르고
몸의 일부를 교체하는 수술도 받았지

부천 소방서를 지나
복사골 사거리를 지나
그와 헤어져 돌아올 때
차마 하지 못한 말들을 중얼거릴 때
나지막이 노래를 부를 때
갑자기 끼어드는 차에게 소리칠 때
신호를 무시하고 얼른 지나칠 때도
너는 나와 함께했지

반복되는 갈등과 방황 속에서
다시 시동을 걸고
일단 멈추기를 하고

긴 호흡으로 정지도 했지
너는 나의 비무장지대였지

사라지는 모든 것

가난하지 않은 것들은 가난하고
슬프지 않은 것들은 슬프도다

우리 사랑 아무 이상이 없단다

아침에는 무사히를 먹었고
저녁에는 하루치의 감정을 씹었단다

누군가는 떠난 사람이 되고
나도 어느 땐 떠나온 사람이 되고

떠나지 않아도
우리 서로 아주 떠난 사람이 될 것이고
만질 수도 더 이상 떠날 수도 없게 되겠지만

하고 안 하고 그게 뭐라고

가까워질수록 서로를 견디고

자꾸 희망을 걸어대고

한동안 우리 여기 살았단다

그때의 모든 것이 사라지고
가끔씩 도망치는 기분이 들지만

내가 나를 배반하는 경지에 오른단다

'들'

다리미로 옷을 다리듯 시간을 빳빳하게 다리고
라면처럼 쉬운 맛을 즐겼습니다
마주 보면서 웃을 수 있는 거리를 조율했습니다

바다가 보이는 하얀 성을 쌓고
사랑이 녹아서
아이스크림처럼 흘러내리고
자주, 광장과 골방 사이에 있었습니다

착각이 착각을 낳고
카리스마가 카스텔라가 되고

당신과 나 사이에서
파도처럼 파도치면서
서로를 넘지 않으면서
자기처럼 살면서
하, 나를 건설하고 싶었습니다만

언제부턴가 나는
나를 버리려고 합니다

애써 나를 지우고
'들'이 되려고 합니다
'우리들' 안에 속하려고 힘씁니다

서로의 혼자

혼자가 되고 싶은 혼자는
혼자 떠납니다

또 하나의 혼자가 곁에 있어도
혼자끼리는 말을 걸지 않습니다

혼자를 방해하지 않습니다
혼자끼리는 혼자를 배려합니다

혼자는 혼자 시간을 잘 보낼 궁리를 합니다
실없이 기침을 하고 책을 읽고 영화를 봅니다
다리를 꼬았다 풀었다 허리를 비틉니다

창밖으로 시선을 두거나
생각을 끄집어내서 뒤집어봅니다
눈을 감고 잠을 청하기도 합니다

가까이에 있는 혼자를 위해

혼자는 혼자가 되기 위해 애를 씁니다

혼자들은
혼자들 속에서
서로의 혼자가 되어줍니다

인간성

그의 직업은 좋은 말 대사전

누군가는 상황을 부추기고

혼자보다 어두운
누군가의 웃음
누군가의 침묵

나의 표정은 갈 곳 없고
까마득한 밤처럼 파묻히고 싶지만

누군가는 남고
누군가는 기억될 것이지만

멀어질수록
그는 더욱 완성될 것이지만

정신병 같은 저녁

괴로움은
내가 나와 결별해야 벗을 수 있는 옷

해방될 수 없는 인간성

여행처럼

떠나기 위해 떠난다

사랑도 신기루 같다
환영 같다
용서 못 할 모독도 없다

그러나 꼭 그런 것만은 아니란 것
여행은 가르쳐준다

보이는 것보다
보이지 않는 삶이 많은 것처럼
풍경처럼
죽음도 삶인 것처럼

복잡을 단순하게 그리는 화가의 순진한 화풍

떠나와서 느끼노니

괜찮다 괜찮다

용서하지 않아도 괜찮다

느끼지 않아도 괜찮다

아프니까 씁니까

책이 사람이고 사람이 책이고

밑줄 치고
옮겨 적고

당신에 대한 오해
혹은 진의
제대로 읽은 적 있을까

당신을 복사하고
당신을 외고
단 한 번이라도 당신과 나를 섞은 적 있을까

뒤돌아보는 건 일종의 습관

책과 읽다 사이에서
현실이 허구보다 더한 건가
현실이 안 되니까

허구에 매달리는 건가

사는 게 상처고 아프니까 쓰고

사람도 책도 지나가는 현상이고

방심

사람들 속에 섞여서 한 사내가 걸어오고 있었다
등산복 차림을 한 사내
여자는 그를 향해 나뭇잎처럼 팔랑거렸다

사내의 눈은 잡히지 않았다
아무것도 보고 있지 않은 것 같았다
귓속이 멍멍했다

선글라스를 쓰고 지나치게 웃고 있는
언제 감정이 바뀔지 모르는 여자가 낯설게 보였을까

바다 가장자리에 기둥을 박고 터를 잡은 절이었다
큰불이 났더랬다
어떤 일도 일어날 기미는 없었다

옛날 애인을 닮은
아버지처럼 씰룩거리는 사내가
물에 불린 미역을 펼쳐놓은 것처럼 이어진 바다가

검버섯처럼 생긴 타다 만 나무둥치가

방심한 듯 방심한 듯했다
확신할 수 없었다

들꽃

무작정 걷다가 너를 만났네

어제 만난 여자 생각하다
너를 차고 말았네

발에 차여 흙투성이가 된 너를 털어주었네

어제 만난 슬픈 여자
나 같은 여자

누군가는 또 너를 무심히 밟고 지나겠지만

몸의 상부를 들어 올릴 것이네
붉은 새순을 밀어 올릴 것이네

등

등은
보이지 않는 얼굴

기우뚱
기울어진 평면
접히지 않는 굴곡

등은
고요를 담은 입
오래된 문장

등은
당신의 골방

헤어질 순간

어제의 그들은 오늘의 그들이 아니고
어제의 나는 오늘의 내가 아니고

구성과 분위기에 따라 얼굴이 변하고
변화의 이동에 민감하고

어떤 인사를 추앙하고
그 추앙에서 벗어나는 일은
혼자가 될 용기가 필요하고
존재의 강약을 조절하고

모임에서 헤어진 그는
조용히 내부를 빠져나가고
나는 빨간머리 앤을 다시 봐야겠다고

작은 충격에도 만났다가 헤어지는 일은
전철을 갈아타는 일처럼 지루하고 단순하고
만난 시간만큼 헤어질 시간이 필요하고

두둑하게 껴입은 옷들이 지하와 지상을 지나가고

우리는 자신을 향해 머리를 숙이고
무사한 것처럼 보이고
너무 익숙하고

제3부

오래된 슬픔

태초에 당신이 있었고
하늘이 있었고
땅이 있었고
말이 있었고
선과 악이 있었고

아침이 오기까지
밤은 뒤척거리고
죽은 시인을 동경하고

거기 누구 없어요?
광야를 헤매고

자장자장 자장자장
슬픔은 나의 영원한 조상

천년 이천 년
음소거처럼 눈이 내리고

사회생활

  1.

누구 없습니까
가을입니다
우리에게 리듬은 어디서 진동합니까
를을 을로 전환하면
구름이 하늘을 재빠르게 지나치겠습니까
하늘이 먹구름을 물리치겠습니까
겠습니까
가을입니다
가을입니까
구름과 하늘의 기운이 등등 하는 계절입니까

  2.

당신은 정녕 당신입니까
나는 나입니까
질문이 질문을 낳습니까
우리를 구원합니까

갈라놓습니까

부활합니까

속으로 개새끼 하면서 웃고 있습니까

개새끼들이 나의 동족입니까

선과 악이 따로따로입니까

고통이 고행이고 고행이 비상구입니까

불안하지 않을 때 불안하고

슬프지 않을 때 슬프고

괴롭지 않을 때 괴롭습니까

천당을 믿는 사람은 지옥도 믿는 사람입니까

나는 나를 모르는 사람

현실에 부합하는 신을 찾는 사람

백팔배를 하고

빗자루로 마당을 쓸고

하나님 부처님 다 같이 만났습니까

어디서부터 어디까지가 인간이고 짐승입니까
가까이 있습니까
멀리 있습니까

나는 나밖에 없고
너는 너밖에 없습니까
한계와 한계를 지닌 서로서로 우리입니까

옛날 애인처럼
좋을 땐 천국
싫을 땐 지옥

짬짬이 울 때처럼
울다 보면 서로 울고 있는 사회생활

3.

다시 다시 가출하고 싶고

슬플 땐 비가 옵니까

자도 자도 잠이 그치지 않고

산 입에 거미줄 치던 입에 초콜릿입니까

구멍

구멍을 보면 파고 싶어진다
누가 뭐래도 한 길 물속을 파고 싶어진다

구멍을 생각하노라면 넣고 싶어진다
내 몸의 구멍이란 구멍들
구멍과 구멍으로 전달되는 체온과 이질감과 미끄덩
구멍의 미학 같은 거

구멍을 보면 알아차리게 된다
때때로 나는 모순투성이라는 거

구멍과 구멍 사이
밀접한 연관이 있으리라는 거

한 구멍을 파다 보면
딴 구멍으로 연결되리라는 거

한 구멍이 한 구멍을 침범할 수도

구제할 수도 있으리라는 거

구멍을 보노라면

세상이 온통 구멍이라는 거

구멍들이라는 거

잡초

모임에서 손바닥만 한 텃밭을 얻었다

하는 일이라야
비바람 햇빛이 농사지은 자리에
풀 뽑고 물 주고 심고 거두는 일
지렁이를 보고 놀라서 호들갑을 떠는 일

너무 작아서
잘 보이지 않아서
무심히 발에 밟히는 풀

있는지 없는지 표도 안 나고
힘도 없어 보이는
이름 모를 작은 꽃

누가 알아주지도 않고
기록해주지도 않는
잡초(잡초라고 생각하는)를 뽑아낼 때마다

다 같은 생명인데
차별하는 거 같고

내가 나를 뽑아내는 거 같고
배반하는 거 같다

벽제에서

VIP실을 지나 망자에게 간다

죽어서도 부자와 가난한 자가 있고
산 자는 쉬지 않고 늙는다

살아 있다는 것의 실존
떠난 자의 부재
생과 사의 경계는 불분명하다

밖에서 안으로
안에서 밖으로 배회하는
나는 잉여 인간

정신과 육체가 죽고
부재가 되고
누군가는 또 태어나고

갈등도 미움도 용서도 화해도

부질없는 망자와의 거리

산 자만이 죄를 짓는다

슬픔은 항상 옳습니다

요일입니다
혼자라고 혼자 말하는
시간은 지워지지 않습니다
썼다 지웠다를 반복하며
뭐라도 되고 싶었던
평범 혹은 욕망 뒤의
깨달음은 언제나 늦게 도착하고
집에 있어도 집에 가고 싶고
말을 하면서 말을 멈추고 싶고
나무 아래서 비를 피한 후부터
세상 모든 나무가 우산으로 보이고
비명을 지르며
우리들이 향하는
플라스틱처럼 나쁜 세계는 끊을 수 없고
너무 오래된 미래
나는 나를 믿을 수 없습니다
적극적으로 인간을 잃어버린
우리를 견딜 수 없지만

우리는 우리를 구하지 않습니다
혁명이 죽고 세상이 죽고
죽었는데 죽지 않고
우리는 지은 죄를 또 짓습니다
요일입니다
슬픔은 항상 옳습니다

무슨 말이든 하는 게 좋습니다

먼지처럼 떠도는 중력

이스트처럼 부풀어 오르는 생각

딱딱한 냄새가 납니다

이웃 나라의 전쟁 소식

아무것도 하지 않기

그냥 살기

가위로 시간 자르기

작아질 수 있는 만큼 작아지기

CCTV 같습니다

봄 여름 가을 겨울

무럭무럭 자라는

파편 같은 세계

여기저기서 뛰어내리는 시간

시간이 시간을 먹고

시간이 시간을 낳고

나는 이 안에 있고

뿔뿔이 흩어지고 토막 난 생활

얼굴이 뭉개지고

분위기가 삐져나오고
지워진 지문처럼 말간
감정이 죽고 생활이 죽고
다시 태어나기
다시 살기
무슨 말이든 하는 게 좋습니다

아마도

아마 그럴 거야
확신이 아닌

어떤 상황에서도
어떤 사람에게도
함부로 고개 숙이지 않는

어떤 행운에도
어떤 불행에도
함부로 웃고 울지 않는
설마의 섬

지구 저편에선 폭격으로
수십수백 명의 사람들이 죽고
세계는 지옥을 중계하고
전쟁으로 인한 경제 동향을 분석하는 뉴스를 보며
따뜻한 밥을 먹고
어른이 된 자식을 걱정하며

살아보려고 끙끙대는
그래서 더 아픈 섬

아마가 아니라면
편협과 오만으로 사라졌을 섬

골목, 교실, 광장, 벽, 목소리, 태극기, 호프, 시민, 시인, 교수, 목사, 마이크, 이태원, 정부, 유엔, 진상, 멍멍, 야옹야옹, 딸랑딸랑, 설국열차, 돈룩업, 북극, 뒤뚱뒤뚱, 기생충, 오징어게임, 비상, 시국, 선언, 불구, 하고,

살아가는 사람들 속에
아마도라는 섬이 있다

그들도 우리처럼*

날리는 탄가루는 검은 뭉게구름
영화 속 주인공들은 사이좋게 구름을 나누어 마셨다

그때도 그랬다
운동한다고 들어온 학생들과 함께였다

그러나 그들은
때가 되면 돌아갈 곳이 있는 자들이었다

우리들을 그들이라 불렀다
우린 우리가 아녔다

공장에서 파김치가 되어 돌아올 때면
나는 살기가 싫었다
책가방이 부러웠고 먹물이 되고 싶었다

그리고 많은 열등의 시간을 보내고 깨닫는다
그들도 나도 무지했다고

진보는 그들에 의한 협약이었고
또 다른 우월이었다고
민주란 이름의 또 다른 불평등

나 또한 그들과 다르지 않았음을
이제 노 깨닫는다

위계 없는 무지의 상태로 돌아가야 한다**
평등한 이성으로 지적 해방으로

* 영화 〈그들도 우리처럼〉
** 자크 랑시에르

디지털 자본주의

휴대폰 알람으로 시작되는 하루

공유와 일정을 지나
복사와 저장을 지나
옷깃 스치듯 안경 너머 내용을 지나
틈틈을 지나
심심을 지나
연락 없이 지내던 지인의 소식을 지나
삼가 고인의 명복을 지나
세상 돌아가는 소식에 갑론을박 치열한 공방을 지나
욕설을 지나
안구 건조증을 지나
누구누구를 지나
동시다발을 지나
다종다양한 패턴을 지나
뉴스와 검색을 지나
알고리즘을 지나
눈이 머리 꼭대기에 있다는 악어처럼 충혈된 두 눈

보고 싶은 것만 보고
보여주고 싶은 것만 보여주는
내 손안의 세상

오래된 고독

월급 퇴직금 야근수당 사회보험도 연차도 없는
해고수당은 더더욱 없는
종신계약 되시겠다
그녀들은 고독한 1인 노조
파업도 해보지만
잠시잠깐의 일탈 수준
새벽 6시 알람과 동시에 앞치마를 두르는 신속성
남편들은 신문을 보고 자식은 투정을 부리고
다정한 연기는 기본
휙휙 아침마다 전쟁을 치르노라면 기진맥진
그녀들 애기는 그녀들끼리의 소소한 잡담
정부도 가족도 관심 밖이지만
집과 회사를 오가며 동동 아으 동동
기를 써도 사회는
남성 중심으로 갈아치우고
한반도 분단의 장벽을 뚫는 것보다 강력한
오 변함없는 전통!
시혜를 베풀듯 가족의 월급이 통장에 입금되지만

주부는 더할 나위 없는 무임금 노동자
살림살이는 1인 사업장
도움의 손길은 생색용
어쩌다 하하 호호 웃음꽃 피는 날은 보너스
행복하도다 감사하도다
오우 나의 철밥통!

평범을 위하여

감사하기 위해 태어난 사람처럼

이런 식으로 말하는 버릇도 고쳐야 하는데

불 하나, 불 둘, 불 셋
불을 켜고

죽을 땐 쉽게 죽게 해주세요
잘 죽기 위해
잘 살기를 원하고

빨아도 지워지지 않는 얼룩진 앞치마

칙칙폭폭 칙칙폭폭
압력밥솥에서 밥이 끓고

껍질을 벗겨내면 빨강이 아닌
아는 얼굴 같은 사과

계란 탁탁 프라이
창문을 열면

24시간 편의점, 미장원, 빵집, 태권도장, 부동산….
뛰듯이 걷는 사람들

토막 햇살이
평등하게 비추고 있다

오래된 내일

일 년에 두어 번 모여서 술을 마셨다

서로를 알 만큼 알았다
안다고 생각했다가
뒤통수를 맞기도 했지만

오래 속에
비빔밥 같은 이야기
주고받은 계산서
초코파이가 있고
싫증이 나기도 했지만

오래되었다는 게
무슨 훈장 같고
어떤 위안 같고

시속 180킬로로 달리던 강변
바람 소리 가늘게 떨리던 비닐하우스 주점

살과 살이 닿고
뼈와 뼈가 부딪히는
살아 있는 슬픔 덕에

삐걱삐걱
오래된 내일이 있나

거리

아나운서는 뉴스페이퍼를 읽고
프라이팬은 불꽃에 후끈 달아오르고
식탁은 고전 같아요

시계처럼 나는 시간을 지키고
머리는 광장에 있고
발은 숲속에 있지요

심정은 실체가 없고
생활은 기계 같고

나는 기타 등등
인생은 계약서 같아요

총부리가 아이를 조준하고
장면이 바뀌고

당신과 나는 촘촘히 연결되어 있다지요

무방비 상태의 삶은 현실이네요

백화점에도 없고 소파에도 없는 유물 같은 슬픔

현실은 초현실적입니다

오래된 미래

우리의 풍경은 어디로 갔을까

거대한 쇼윈도가 되어버린 문명
시멘트가 덮어버린 과거들
잔재들의 박제된 시간

혁명은 늙고
자본이 되어버린 정부

무언가 기다리고
무언가 불안한
모든 것이 산업이 되어버린 끝없는 중독

소설보다 더 소설 같은
세계는 쇼쇼쇼

하늘의 별처럼

바닷가의 모래알처럼

헤아릴 수 없는

지구의 무연고자들

제4부

기일

 말린 고사리며 토란대 취나물 죽순 물에 불리고 매운 고추 잘게 썰어 밀가루 반죽을 하리 어머님이 농사지어서 짠 들기름 식용유에 타서 팔 둘레만 한 프라이팬에 둘둘 두르고 노릇노릇 전을 부치리 해묵은 달력 뜯어내어 소쿠리에 깔고 무 호박 부추 버섯 깻잎전을 꽃잎처럼 펼쳐놓으리 애들 큰고모가 보낸 시골닭 서로 미루다가 막내 서방님이 닭의 목을 비틀고 마당에 걸어놓은 큰솥에 불을 때리 갑자기 저세상 사람이 된 큰형님을 생각하며 동서들과 맥주도 한 잔 들이켜리 떡시루에서 김은 모락모락 피어나리 반닫이에서 제기를 꺼내 젖은 행주와 마른행주로 번갈아 닦으리 평소 아버님이 좋아하시던 탕국이며 조기며 한 상 차려놓고 대문 활짝 열어놓고 절을 올리리 살을 섞고 살아도 내 편이 아닌 남편과 철없는 자식 잘 되게 해주세요 빌리 되는 일이 없다며 아버님 묘를 이장하고 세운 비석에 잘못 새겨진 내 이름 고쳐주세요 하리 살기 어려운 자식들 보시며 아버님 저세상에서도 한숨 지으시리 어린 조카들은 뛰어다니며 소란을 피우리 졸음을 이기지 못해 잠들있던 막내 조카가 깨어 제 어미를 찾으며 울리

딩딩딩

전쟁 같은 밤일로 시작하는 노래 원수처럼 불렀지

어디 아프니
푹 절인 배추처럼 핏기 없던 열다섯

야근 없는 저녁이면
신문지로 싼 책을 옆구리에 끼고 다녔지
삼십 촉 백열등 밑에서 졸면서 밑줄을 쳤지

치질이 쏟아내던 선홍 피
살고 싶니
연탄가스는 죽을 뻔했지만
차디찬 흙바닥 동치미 몽롱은 아름다웠다

소나기처럼 퍼붓던 가난과 병
삼밭 하는 외삼촌 댁으로 요양 갔지

비가 새던 뽀얀 먼지 판잣집
건넛방에서 들려오던 신음 소리

딩딩딩 딩딩딩
죽이고 싶었던 비참
어쩔 수 없는 내 절망의 벽

가족

  체격 좋고 허우대 멀쩡한 아버지와 많이 배우지 않았는데 신여성 같던 엄마

  아버지와 엄마의 분위기를 버무린 것처럼 여리여리하던 남자아이와 우울과 질식을 먹고 자란 듯 창백한 여자아이

  기억과 기억에 의하면
  가족이 집 밖을 나가면 동네가 훤하다고 술렁거렸는데

  아버지가 밥상을 뒤엎고 무기 같은 기다란 다리 때문에 숨을 못 쉴 것 같은 요일에는 차라리 나가서 계집질을 하라고 엄마는 악을 썼는데 일을 하지 않은 적은 없었는데 단칸 셋방을 벗어날 수가 없었는데

  황폐하고 다소 아름답기까지 한
  까마득한 기억에 의하면

어느 요일

가족이 목욕탕으로 소풍을 갔는데

좋아 좋니

비빔밥처럼 어울렸는데

다 벗었는데 벗은 거 같지 않았는데

이빨로 내 혀를 깨물듯

씹히고 터지고 퉁 치고

천연덕스럽게

엎어진 밥상을 다시 차렸는데

뼈대만 남은 서사처럼

회사원처럼

집으로 출근했는데

여자의 여자

양장과 선글라스가 잘 어울리던 여자
배운 티가 나던 친구 엄마보다
숙제를 더 잘 가르쳐주던 여자
남동생과 얼굴을 마주 보고 누워서
내게 등을 보이던 여자
어려서부터 몸이 약해
외가에서 일찍 혼인시켰다는 여자
아버지가 밥상을 엎던 날
시멘트 부엌 바닥에 쪼그리고 앉아서
소리 없이 눈물을 흘리던 여자
잠든 아버지 품으로 기어들어 가던 여자
아버지보다 더 미웠던 여자
드라마보다 더 드라마 같고
영화보다 더 영화 같은 여자
식구들이 켜놓은 전깃불을 끄고 다니고
해진 수건을 걸레로 쓰고
두루마리 휴지를 짧게 끊어서 쓰던 여자
식당으로 공장으로 돈 벌러 다니던 여자

너는 나처럼 살지 마
당부하던 여자
온몸으로 세상을 읽어준 여자
결혼할 남자를 인사시키러 갔던 날
아버지와 남자가 남자들이 되고
보글보글 지글지글
엄마표 밥상을 차려주던 여자

아메리칸 스타일

아침 드셨어요
커피 마셨다
빈속에 커피를 마셔요
커피는 은유가 아녜요
난 커피 없으면 못 산다
빈속에 마시면 몸에 안 좋아요
난 끄떡없다
시(詩)를 봤어요
시는 몸에 해롭단다
전 살 만큼 살았어요
엄마 앞에서 못 하는 말이 없구나
아메리칸 스타일이 싫어요
태어나기 전부터 그랬어요
네 나이 때가 위험한 거야
엄마는 시가 안 돼요
방음이 안 돼요
너나 건강 잘 챙겨
이중생활이 싫어요

인간으로 사는 게 싫어요
끼니 거르지 말고 다녀라

중년이 되어

가난과 젊음이 전부였다
아이 둘러업고 기저귀 가방 메고 버스를 기다리며
집회에 나가고 토론을 하고
집집과 술집을 드나들며
끊임없는 의혹과 질문 속에서
밤은 늘 짧았으며 헤어지기가 싫었다
아이들은 자라고
갈등과 반론은 하나의 건강한 의식이었고
우리의 연대와 투쟁이 우릴 변화시킬 거라 믿었다
자기 고백과 절박한 구호!
가야 할 방향이 있었고
가슴과 가슴이 뜨거웠다
이제 우리는 집과 자동차가 있고
아이들이 어느 대학을 가고 어디에 취직을 하고
누군가는 도시를 떠나 귀촌을 하고
무슨 무슨 회사 단체에서 중견이 되고
또 누구는 정치로 가고
애경사에서 만나는 중년이 되어

짐짓 아이들의 미래를 걱정하고

다투어 세상을 욕하고

배운 티를 내고

몸에 좋다는 건강식품과

남의 얘기로 시간을 보내고

험담이 자랑으로 끝나고

살아남은 자의 다행과

질투와 이해타산을 느끼고

산다는 것에 대해 나름 치열했던 우리는

가난하지 않은데 가난하고

불행하지 않은데 행복하지 않은

진보도 보수도 아닌 기득권이 되어

방황도 없이 절망도 없이

기약 없는 약속을 하고

반갑게 헤어졌다

이선균*

영원히 젊음일 것 같았는데
보고 있어도 보고 싶었는데

베트남 시내 스카이라운지에서
서로를 금방 알아봤는데
동창처럼 애국자처럼 반가웠는데

맥주를 홀짝거렸는데
히히 헤헤
힐끔힐끔 쳐다봤는데

드라마 아저씨를 봤는데
아이처럼 울었는데
다시 봤는데 다시 봤는데

웃고 있어도
내 안에 고인 슬픔 같았는데

* 고 이선균 배우님의 명복을 빕니다.

가이드

가이드가 아니라면 무엇이 되었을꼬

몇 시간째 정보와 지식을 쏟아내는
스페인에서 30년째 살고 있다는
비행기 타고 한국 가서 투표하고 온다는

1962년 1월 1일 1시에 태어나
점집에서 다섯 번 결혼할 팔자라고 했다는
그래서 한 번도 안 했다는

카우보이 같은 저 이는
골초 집시 저 이는

아는 여자

외로워서 술을 마신다는 여자

나이보다 어려 보이는 여자

연애 한 번 못 하고 아는 오빠와 결혼했다는 여자

남편이 부부가 아니라 선생처럼 가르쳤다는

그래서 이혼했다는 여자

이혼한 남편과 여행도 가고 술도 마신다는 여자

전 남편과 연애하는 줄 모르는 여자

결혼한 자식과 살림을 합친 여자

혼자가 되었는데 혼자가 아닌 여자

술자리에서는 열렬한 페미니스트

사람들에게는 이혼을 숨기는 여자

고전적인 생활

말과 말 사이에 있는 여자
아는지 모르는지
알고 싶은지 모르고 싶은지
자물통처럼 말을 잠근 남자
지레짐작한다든지
피차 말이 귀찮아진다든지
서로의 존재가 영향권에 없다든지
가끔 문자를 주고받는다든지
연대한다든지
어색하고 낯선 사람이 된다든지
낯설게 하기가 얼마간 효력이 있다든지
벽이 된다든지
그 벽에 못을 친다든지
후회가 된다든지
박힌 못이 깊은 흉터를 남긴다든지
아이들은 그래도 자란다든지
가족끼리 우리끼리
음과 양을 저울질한다든지

그었다 지웠다 한다든지
아 우리 공기 같아
보이지 않고 들리지 않는다든지
맞아 맞아 한다든지
풀었다 쌌다 한다든지

아파트

 음식물 쓰레기를 버리고 승강기를 탔는데요 11층 버튼을 누르고 멀뚱멀뚱 거울 앞에 서 있었죠 승강기가 움직이지 않았어요 다시 버튼을 눌렀는데요 버튼이 헐렁했어요 비상벨을 눌렀죠 쓰레기통으로 승강기문을 두드렸죠 에어컨이 나오지 않았어요 부스스한 머리와 헐렁한 셔츠를 입은 겁먹은 여자의 얼굴이 거울 속에 있었죠

 누구 없어요 누구 없어요 소리소리 질렀는데요
 손바닥만 한 유리창문으로 맞은편 철문이 열리는 게 보였죠
 젖은 머리 여자였어요
 그녀는 얼마 후 경비실 아저씨와 돌아왔어요
 잠시 기다리라고 했어요
 여기서 다 보고 있으니까 걱정하지 말라는 방송이 나왔는데요
 후 후 호흡을 가다듬었죠
 손가락 빗질을 했죠
 기계 수리공이 왔어요

저녁에도 같은 일이 있었는데요 남편이 승강기 안에 갇혀 있을 때 딸아이와 티브이를 보면서 낄낄거리고 있었죠 다음 날도 11층까지 걸어서 올라왔어요 관리소장은 자기 책임이 아니라고 불평했죠 다음 날도 다음 날도 승강기는 가다 서 다를 반복했죠

그해 겨울

  전염병이 돌았다 나의 친척은 개와 함께 커피를 마시고 눈을 맞추고 밀담을 나누었다 나는 잠을 잤다 잠만 잤다 잠에서 깨어나지 않을 수도 있겠구나 하품을 하며 음식을 시켰다 시간은 좀체 줄지 않았다 개와 손잡은 사람들이 횡단보도를 건너서 마트에 가고 공원에 갔다 유모차에 탄 개가 어떤 남자에게 대들었다 나의 친척은 개와 침대에서 뒹굴며 입을 맞췄다 나는 개가 되는 꿈을 꾸기도 했다 한 무리의 새들이 이곳에서 저곳으로 강제 이주되었으며 마스크를 쓴 아이들이 책가방을 메고 학교에 갔다 과학과 기술로 세상을 지배할 수 있다고 믿는 사람과 밥을 먹고 사랑을 했다 전염병으로 죽은 사람들이 숫자로 호명되었으며 우리는 우리가 탐욕의 노예가 되어버렸다고 탄식했다 탄식만 했다 개와 밀접해 보이는 친척을 생각했으며 나는 개와 친척이 되고 싶지 않았다 그해 겨울, 봄은 오지 않았으며 한 번씩 죽어도 보고 개는 나의 친척에게 꼬리 쳤다

화투 치는 밤

바다에 배가 긁고 지나간 자리
하얀 거품이 눈이 부시다

몸에 좋다는 음식 시켜 먹고
다리 아프도록 구경 다니고 숙소로 돌아와

집 나오면 아까워서 잠 못 들던
청춘과 추억을 소환하며 화투 치는 밤

주름 생긴다며 얼굴 잡아당기고
오줌 찔끔거리며 배를 잡고 웃는 동창들

돌아보면 생은
살아 있는 이 순간순간이 기적이란 생각

당신과 나의 상처가 끈이고
사람과 사람 사이 굴곡이 풍경이란 생각

우리 사랑 그 어느 날에 만날까
— 시베리아 횡단열차에서

꽃이 피었네 꽃이 피었네
천 개의 꽃이 피었네
눈물로 피는 꽃, 바람의 꽃
천 개의 사연으로 피었네

우리 굳센 꿈, 피맺힌 세월
원수로 남았는데
상처로 남았는데
새벽안개 찬 이슬 내리고
하염없이 기차가 가네

가도 가도 끝이 없는 자작나무 숲
아 바이칼은 아름다운데

우리들의 슬픈 이야기 아무르아무르*
강철 같은 그날을 가네
꿈길 같은 그날을 가네
기차 소리 쓸쓸하네

아리랑 아리랑 아라리요
당신의 투혼을 불러보네
아리랑 아리랑 아라리요
우리 사랑 그 어느 날에 영원히 만날까

* 아무르강 : 프롤레타리아 혁명가 고려 여인 김알렉산드라가 러시아
　백위군에 의해서 총살을 당하고 던져졌다는 장소

| 작품 해설 |

슬픔의 사랑론

맹문재

1.

박미현의 시 세계에서 '슬픔'은 지배적인 시어이고 제재이며 주제 의식의 토대이다. 「슬픔의 방」, 「이기적인 슬픔」, 「나는 조금 슬프다」, 「오래된 슬픔」, 「슬픔은 항상 옳습니다」 등의 작품 제목에서 우선 확인된다. "내 삶을 지탱해준 건 슬픔"(「보문사에서」), "유물 같은 슬픔"(「거리」), "살아 있는 슬픔"(「오래된 내일」), "나는 슬픔을 믿는 사람"(「숲의 날들」) 같은 작품의 구절에서도 볼 수 있다.

시인은 "누군가의 슬픔에 기대어 울기도 했지"(「슬픔에 대하여」)만, 결코 슬픔에 함몰되지 않는다. 오히려 "슬퍼할 의무와 책임"(「작은 시」)을 인식할 정도로 슬픔을 껴안는다. 시인은 슬픔을 감상적이거나 비관적이거나 염세적으로 대하지 않고, 슬픔으로 인해 소외를 느끼지 않는다. 슬픔을 부정하거나 배척하지 않고, 슬픔의 존재 자체를 인정한다. 슬픔을 자기반성이나 극복의 대상으로 삼지 않고 최선을 다해 동행한다.

슬픔에 대한 시인의 자세는 개인적이고 주관적인 것으로 한정할 수 없다. 시인은 슬픔을 발생시키는 환경과 상황에 대해 주체적으로 대응한다. 슬픔을 타기하기보다 슬픔을 발생시키는 요인을 주시하는 것이다. 작품들에 나타난 슬픔은 시인의 감정 형태가 아니라 판단 형태이다. 시인이 바라는 희망과 열망이 여실히 반영된 것이다.

시인의 슬픔에 대한 동반자적인 자세는 김수영의 '설움'에 대한 태도를 계승한 것으로 볼 수 있다. 김수영은 설움을 끌어안고 유한한 시간과 미지의 죽음을 인식했다. 서러운 세상을 이해하기 위해 책을 읽었고, 서러운 봄밤과 동행하면서 긍지의 날을 회복했다. 서러운 사람들과 함께 자유와 혁명을 노래했고, "어둠 속에서도 불빛 속에서도 변하지 않는 사랑을 배웠다"(「사랑」).

시인의 슬픔 인식은 인간 존재의 근원은 물론 사회적 존재성을 일깨워준다. 시인을 둘러싸고 있는 시대와 사회에 적응하는 사람들의 삶의 의미를 인지시킨다. 결국 시인은 슬픔의 서정성을 토대로 사회학적 상상력을 추구하는 것이다.

2.

　　늦은 나이에 대학 가서 배운 건
　　불평할 줄 아는 시인 김수영

슬퍼할 의무와 책임을 동반하며

나와 함께 살아온 나는
나를 추구하는 나는

나를 견디는 것이
세상을 견디는 것인 나는

믿을 건 슬픔뿐인
기도가 전부인 나는

나밖에 될 수 없는
어쩔 수 없는 나는

—「작은 시」 전문

 위의 작품의 화자는 "늦은 나이에 대학 가서 배운 건/불평할 줄 아는 시인 김수영"이라고 밝히고 있다. 화자가 김수영 시인에게 배운 것 중에서 불평할 줄 아는 면을 제시한 것은 눈길을 끈다. 김수영에게 불평이란 무엇일까? 마음에 들지 않아 못마땅하게 여기는 그 사항을 화자는 구체적으로 나타내지 않았지만, 개인적인 차원에서부터 시대적이고 역사적인 차원에까지 이른다는 것을 어렵지 않게 유추할 수 있다.
 화자는 김수영의 그 불평을 "슬퍼할 의무와 책임"으로 수용한다. 김수영의 불평을 자기 삶의 형편이나 시대 상황과 연결해서 "나와 함께 살아온 나는/나를 추구하는 나는" 슬픔으로 받아들인다. 이 세계의 중심이 자기일 수밖에 없다고 자각하고 주체성을 갖는 것이다.

화자는 "나를 견디는 것이/세상을 견디는 것이" 된다고, 자기의 삶을 영위하는 것이 사회의 구성원으로서 역할을 다하는 것이라고 생각한다. 그리하여 "믿을 건 슬픔뿐"이라고, 자기 존재성을 자각하며 슬픔을 껴안는다. "작은 시"일지라도 슬픔을 시 쓰기의 방향으로 삼고 나아가는 것이다.

> 귀가 아프게 운다
>
> 편의점을 지나
> 아이를 지나
> 자전거를 지나
> 사거리를 지나
>
> 우는 게 생이라는 듯
> 온 힘을 다해
> 목이 터져라
> 울음 우는 매미들
>
> 나도 설움에 겨워 꺼억꺼억 운 적 있지
> 누군가의 슬픔에 기대어 울기도 했지
>
> 생은 잘 버무려진
> 슬픔 같은 거라고
> 힘껏 울음을 껴안는 거라고

울다 보면
슬픔이 나를 위로했지
힘이 되었지

—「슬픔에 대하여」 전문

 위의 작품의 화자는 귀가 아프도록 울고 있는 매미들의 소리를 자기의 목소리로 듣는다. "우는 게 생이라는 듯/온 힘을 다해/목이 터져라/울음 우는 매미들"을 바라보면서 자신이 운 날을 떠올리는 것이다. 화자는 "설움에 겨워 꺼억꺼억 운 적 있"었고, "누군가의 슬픔에 기대어 울기도 했"었다.

 그렇지만 화자는 슬픔에 휩쓸려 절망하거나 좌절하지 않았다. 오히려 "생은 잘 버무려진/슬픔 같은 거라고/힘껏 울음을 껴안는 거라고" 여겼다. 슬픔을 두려워하거나 회피하거나 배제하지 않고 오히려 동반자로 삼았다. 그 결과 "슬픔이 나를 위로했"고, "힘이 되었"다.

 화자가 슬픔을 타자적인 대상으로 여기지 않은 모습은 "나는 항상 조금 슬픈 거 같아요"(「나는 조금 슬프다」)라고 토로한 데서 볼 수 있다. "슬픔은 나의 영원한 조상"(「오래된 슬픔」)이라고 밝힌 데서도 마찬가지이다. 슬픔을 자신과 운명적인 관계로, 태초에 하늘이 있고 땅이 있고 말이 있고 선과 악이 있듯이 슬픔을 근원적인 존재로 인식하는 것이다.

 화자는 밤을 뒤척거리면서 슬픔을 끌어안고, 거리를 헤매는 슬픔을 다독인다. 이 세상에 없는 시인을 동경하며 슬픔을 그리워하기도 한다. 화자의 슬픔에 대한 자세는 소극적이지 않고 적극적이다. 아울러 개인적인 차원을 넘는 사회적인 행동이다.

> 그와 나의 우정은 오래되었지요
> 안심이 되는 건 아닙니다만
> 우정에는 뿌리 깊은 나무가 살기에
>
> 늙어가는 그처럼
> 지식도 쭈글쭈글해지고
> 그는 늘 화가 나 있었죠
> 그처럼 나도 나이 먹었죠
>
> 너무 조용한 날들
> 혼자가 되어가는
> 그 기분 알 거 같아요
> 같이 늙어가는 기분
>
> 우정의 숲에서
> 지식을 공유하며
> 기다리는 세계를 생각해요
>
> 벽도 밀면 문이 된다는
> 문장을 읽고 난 오후처럼
> 나는 슬픔을 믿는 사람

우리의 미래도 이미 늙었다고
한 잎 두 잎 떨어지는 세월을
가만히 만지작거려요

　　　　　　　　　　　—「숲의 날들」 전문

 위의 작품의 화자는 "그와 나의 우정은 오래되었"다고 소개하고 있다. 친구와의 관계가 "안심이 되는 건 아"니지만, "우정에는 뿌리 깊은 나무가 살기에" 걱정하지 않는다. 화자는 "늙어가는 그처럼" 자기의 "지식도 쭈글쭈글해지"는 것을, "그는 늘 화가 나 있"듯이 "나도 나이 먹었"다는 것을 인정한다. 화자는 "너무 조용한 날들/혼자가 되어가는/그 기분 알 거 같"고, 그와 "같이 늙어가는 기분"도 알 것 같다고 말한다. 아울러 "우정의 숲에서/지식을 공유하며/기다리는 세계를 생각"한다.
 화자가 우정을 소중히 여기고 친구를 신뢰하는 토대에는 "벽도 밀면 문이 된다는/문장을 읽고 난 오후처럼" "슬픔을 믿"기 때문이다. 화자는 친구의 슬픔을 이해하고 감싼다. 친구 역시 화자의 슬픔을 끌어안고 위로한다. 슬픔도 두 사람의 우정을 지지하고 응원한다.
 화자는 친구와 함께 "우리의 미래도 이미 늙었다고" 생각하며 "한 잎 두 잎 떨어지는 세월을/가만히 만지작거"린다. 지금까지의 우정이 미래에도 이어질 것을 의심하지 않으며 기대하는 것이다. 화자가 친구와 함께 슬픔을 공유하는 것은 사회적 존재로서 사랑을 추구하는 모습이다.

일 년에 두어 번 모여서 술을 마셨다

서로를 알 만큼 알았다
안다고 생각했다가
뒤통수를 맞기도 했지만

오래 속에
비빔밥 같은 이야기
주고받은 계산서
초코파이가 있고
싫증이 나기도 했지만

오래되었다는 게
무슨 훈장 같고
어떤 위안 같고

시속 180킬로로 달리던 강변
바람 소리 가늘게 떨리던 비닐하우스 주점

살과 살이 닿고
뼈와 **뼈**가 부딪히는
살아 있는 슬픔 덕에

삐걱삐걱
오래된 내일이 있다

—「오래된 내일」 전문

위의 작품의 화자는 사회의 구성원들과 "일 년에 두어 번 모여서 술을 마"신다. 그렇게 해서 서로가 알 만큼 아는 사이가 되었다. "안다고 생각했다가/뒤통수를 맞기도 했지만", 서로 어울리는 시간을 소중하게 여긴다. 사람들과 교류해온 "오래 속에/비빔밥 같은 이야기"가 있고, "주고받은 계산서"며 "초코파이"가 있다. 때로는 "싫증이 나기도 했지만", 오래되었다는 사실이 "무슨 훈장 같고/어떤 위안 같"다고 여겨진다.

화자가 사람들과 동료 의식을 느끼는 것은 그들과 함께 슬픔을 공유하고 있기 때문이다. 화자는 "시속 180킬로로 달리던 강변/바람 소리 가늘게 떨리던 비닐하우스 주점"에서 "살과 살이 닿고/뼈와 뼈가 부딪히는/살아 있는 슬픔"을 그들과 함께 나눈다. 그들과의 관계가 삐걱거려도 "오래된 내일이 있다"고 믿는다. 서로의 슬픔을 감싸며 사랑하는 것이다.

3.

> 살아 있는 유일한 증거처럼
> 어떤 초조함이 나를 질질 끌고 다녔다
>
> 불안은 날마다 시계추처럼 흔들렸고
> 계란 콩나물 두부 야채를 사랑하고
> 사랑은 요리에 필수적이고
> 쉽고 간편하고 익숙한 재료를 좋아하고

사랑한다고 키득거리고

언제 끝날지 모를 시간에 대해
속도에 대해
아파트 주변을 어슬렁거리고
긍정은 슬픔을 방해하고

기기에서 거래 취소가 뜨고
나는 취소된 사람이 되고

한 여자가 아닌
한 사람이 되고 싶었던
감정에 꽃이 피고

―「꽃이 피다」 전문

위의 작품의 화자는 "살아 있는 유일한 증거처럼/어떤 초조함이 나를 질질 끌고 다"닌다고 토로한다. "불안은 날마다 시계추처럼 흔들"리는 것도 느낀다. 그렇지만 화자는 그 상황에 쓰러지지 않고, "계란 콩나물 두부 야채를 사랑"한다. "사랑은 요리에 필수적"인 재료이다. 화자는 "쉽고 간편하고 익숙한 재료를 좋아하"면서 "사랑한다고 키득거"린다. 자기에게 다가온 초조함이나 불안을 배척하지 않고 동행하는 것이다.

화자가 끌어안은 초조함이나 불안의 다른 이름이 슬픔이다. 화자는 언제 끝날지 모를 그 슬픔의 "시간에 대해", 슬픔의 "속도에 대해" "아파트 주변을 어슬렁거리"며 생각한다. 그리하여 "긍정은 슬픔을 방해"한다고, 슬픔의 존재성이 긍정 못지않다고 자각한다.

슬픔을 품은 화자는 "기기에서 거래 취소가" 떠서 자기가 "취소된 사람이 되"지만, 상처받거나 불안을 느끼지 않는다. 화폐경제를 철저히 추구하는 자본주의 사회에서 금융기관으로부터 거래를 취소당하면 소외감을 가질 수밖에 없다. 사회 구성원의 자격을 상실하는 것이다. 화자는 그 상황을 뚫고 "한 사람이 되고 싶었던/감정에 꽃"을 피운다. 경쟁과 불평등이 심화되는 자본주의 체제에 굴종하지 않고 자기 주체성을 살려낸 것이다.

> 가난하지 않은 것들은 가난하고
> 슬프지 않은 것들은 슬프도다
>
> 우리 사랑 아무 이상이 없단다
>
> 아침에는 무사히를 먹었고
> 저녁에는 하루치의 감정을 씹었단다
>
> 누군가는 떠난 사람이 되고
> 나도 어느 땐 떠나온 사람이 되고
>
> 떠나지 않아도
> 우리 서로 아주 떠난 사람이 될 것이고

만질 수도 더 이상 떠날 수도 없게 되겠지만

하고 안 하고 그게 뭐라고

가까워질수록 서로를 견디고
자꾸 희망을 걸어대고

한동안 우리 여기 살았단다

그때의 모든 것이 사라지고
가끔씩 도망치는 기분이 들지만

내가 나를 배반하는 경지에 오른단다
　　　　　　　　　　─「사라지는 모든 것」 전문

　위의 작품의 화자는 "가난하지 않은 것들은 가난"할 뿐만 아니라 "슬프지 않은 것들은 슬"플 수밖에 없기에 "우리 사랑 아무 이상이 없"다고 역설적으로 노래한다. 가난한 사람들이 그렇지 않은 사람들보다 이 세상에는 많듯이 슬픔을 안고 살아가는 사람들이 그렇지 않은 사람들보다 일반적이다. 따라서 화자는 슬프다고 좌절하거나 원망하지 않고 슬픔을 적극적으로 껴안는다. 슬픈 사람들의 사랑을 옹호하는 것이다.

　화자는 "내 삶을 지탱해준 건 슬픔"(「보문사에서」)이므로 "쓸쓸한 노래를 슬프게 고쳐 부"(「식물성」)른다. 그 마음으로 "아침에는 무사히를 먹"고 "저녁에는 하루치의 감정을 씹"는다. 또한

"누군가는 떠난 사람이 되"듯이 "나도 어느 땐 떠나온 사람이 되"는 것을 받아들인다. 설령 "떠나지 않아도/우리 서로 아주 떠난 사람이 될 것이"기에 서로 "만질 수도" 없고, "더 이상 떠날 수도 없"는 것을 인정한다.

화자에게는 "하고 안 하고 그게 뭐"가 될 수 없다. 단지 "가까워질수록 서로를 견디고/자꾸 희망을 걸어대"면서 "한동안 우리 여기 살"아간다. "그때의 모든 것이 사라지고/가끔씩 도망치는 기분이 들지만//내가 나를 배반하는 경지에" 올랐기에 망설이거나 불안을 느낄 필요가 없는 것이다.

> 요일입니다
> 혼자라고 혼자 말하는
> 시간은 지워지지 않습니다
> 썼다 지웠다를 반복하며
> 뭐라도 되고 싶었던
> 평범 혹은 욕망 뒤의
> 깨달음은 언제나 늦게 도착하고
> 집에 있어도 집에 가고 싶고
> 말을 하면서 말을 멈추고 싶고
> 나무 아래서 비를 피한 후부터
> 세상 모든 나무가 우산으로 보이고
> 비명을 지르며
> 우리들이 향하는
> 플라스틱처럼 나쁜 세계는 끊을 수 없고
> 너무 오래된 미래

> 나는 나를 믿을 수 없습니다
> 적극적으로 인간을 잃어버린
> 우리를 견딜 수 없지만
> 우리는 우리를 구하지 않습니다
> 혁명이 죽고 세상이 죽고
> 죽었는데 죽지 않고
> 우리는 지은 죄를 또 짓습니다
> 요일입니다
> 슬픔은 항상 옳습니다
>
> ―「슬픔은 항상 옳습니다」 전문

위의 작품의 화자는 "요일입니다/혼자라고 혼자 말하는/시간은 지워지지 않습니다"라고 토로한다. 요일과 상관없이 혼자인 것이 실제이므로 홀로 말하는 시간을 지울 수 없다. 화자가 "썼다 지웠다를 반복하며/뭐라도 되고 싶었던/평범 혹은 욕망"을 가졌던 때도 마찬가지이다. 그 욕망이 무엇인지 깨달은 뒤 "집에 있어도 집에 가고 싶고/말을 하면서 말을 멈추고 싶"을 정도로 슬픔은 지속적이다.

화자의 슬픔은 "우리들"의 관계에서 발생한다. 화자는 "나무 아래서 비를 피한 후부터/세상 모든 나무가 우산으로 보이"듯이 자신의 욕망에 대해 성찰했지만, 슬픔을 지울 수 없었다. 그리하여 "비명을 지르며/우리들이 향하는/플라스틱처럼 나쁜 세계는 끊을 수 없"을 뿐만 아니라 "너무 오래된 미래/나는 나를 믿을 수 없"다고 밝힌다. "적극적으로 인간을 잃어버린/우리를 견딜 수 없지만/우리는 우리를 구하지 않"
는다고 단언하는 것이다. 화자는 자신의 슬픔을 "우리들"이
삭제해줄 수 없고, 화자 역시 그들의 슬픔을 지워줄 수 없다
고 말한다.

화자의 슬픔은 "혁명이 죽고 세상이 죽"었기에 심화된다.
화자는 이상향의 세상을 혁명으로 이루고자 했지만 실패했
다. 혁명은 실패했다고 하더라도 여전히 유효하기에, 즉 혁
명은 "죽었는데 죽지 않"은 것이므로 또다시 최선을 다할 필
요가 있다. 화자는 그렇게 하지 못한 자신을 반성하며 "우리
는 지은 죄를 또 짓습니다"라고 고백한다.

화자는 "요일입니다/슬픔은 항상 옳습니다"라고 거듭 확인
한다. 화자에게 슬픔은 희망하는 세상을 추구한 데서 발생한
것이기에 혁명은 물론 그것을 옳다고 지지한다. 그리하여 화
자는 슬픔을 회피하지 않고 자신의 그림자로 삼는다. "어떤
행운에도/어떤 불행에도/함부로 웃고 울지 않는"(「아마도」) 자
세로 슬픔과 동행하는 것이다.

4.

> 광장으로 가는 지하철에서
> 혼자들과 따로 같이
> 나는 혼자였다

시청역에 내려서
길게 줄을 선 화장실에서
세상을 뒤집는 아우성 속에서
행진하는 거리에서도
더불어 나는 혼자였다

행진을 마친 사람들이
뒷골목으로 어디로 흩어지고
집으로 돌아와
맥주를 마실 때도
나는 혼자였다

—「혼자의 혼자」 부분

  위의 작품의 화자는 "광장으로 가는 지하철에서/혼자들과 따로 같이/나는 혼자였다"고 밝힌다. "시청역에 내려서/길게 줄을 선 화장실에서"는 물론 "집으로 돌아와 맥주를 마실 때도", 티브이를 보다가 잠에 들 때도 그렇다고 말한다.

  화자는 리스먼(David Riesman)이 『고독한 군중』에서 제시한 타인지향형 인간이다. 리스먼은 인류의 사회 성격을 가족과 혈연 조직에 대한 의존도가 높고 가치관의 구속력이 강한 전통지향형, 전통으로부터 상당히 속박을 받으면서도 노동의 분업화와 사회 계층의 다기화로 변화하는 환경에 적응하는 내부지향형, 노동 시간이 짧아지고 여가가 늘고 물질적으로 풍요한 현대 자본주의 사회의 구성원인 타인지향으로 분류했다. 현대사회에 살아가는 타인지향형의 사람들은 타자들로부터 격리되지 않으려고 노력하지만, 자본주의 체제로부터 받는 소외를 피하기가 쉽지 않다.

고독한 군중의 증가는 정치에 대한 무관심을 가져와 민주주의 자체를 위협한다. "타인지향형의 인간에게 있어 정치적 사건이란 '심벌'을 통해서만 경험될 뿐이며, 그 심벌 속의 정치적 사건이란 원자화되고 개인화된, 또는 사이비 개인화된 사건일 뿐이다."¹ "거대한 쇼윈도가 되어버린 문명" 속에서 "혁명은 늙고/자본이 되어버린 정부"(「오래된 미래」)나, "진보도 보수도 아닌 기득권이 되어/방황도 없이 절망도 없이"(「중년이 되어」) 살아가는 사람들이 그 모습이다.

그렇지만 화자는 고독한 군중으로서 겪는 슬픔으로부터 소외당하지 않고 광장으로 나간다. 화자와 같이 행동하는 타인지향형의 사람들도 마찬가지이다. 결국 혼자들은 광장에 "따로" 왔지만, "같이" 온 것이다. 광장에서 행진하고 구호를 외치는 혼자들이야말로 "세상을 뒤집는 아우성"이다. 혼자들은 슬픔을 끌어안고 "혼자들 속에서/서로의 혼자가 되어"(「서로의 혼자」)주는 것이다.

> 꽃이 피었네 꽃이 피었네
> 천 개의 꽃이 피었네
> 눈물로 피는 꽃, 바람의 꽃
> 천 개의 사연으로 피었네

---

1 D. 리스먼, 『고독한 군중』, 권오석 역, 홍신문화사, 1994, 77쪽.

우리 굳센 꿈, 피맺힌 세월
원수로 남았는데
상처로 남았는데
새벽안개 찬 이슬 내리고
하염없이 기차가 가네

가도 가도 끝이 없는 자작나무 숲
아 바이칼은 아름다운데

우리들의 슬픈 이야기 아무르아무르*
강철 같은 그날을 가네
꿈길 같은 그날을 가네
기차 소리 쓸쓸하네

아리랑 아리랑 아라리요
당신의 투혼을 불러보네
아리랑 아리랑 아라리요
우리 사랑 그 어느 날에 영원히 만날까
　　　―「우리 사랑 그 어느 날에 만날까-시베리아
　　　　　　　횡단열차에서」 전문

　위의 작품의 화자는 일제강점기 이국땅에서 항일 활동을 한 김 알렉산드라(1885~1918)를 떠올린다. 김 알렉산드라는 러시아 하바로스크에서 김립, 이동휘 등과 한인사회당을 만들어 항일 투쟁을 하다가 러시아 백군과 일본군에 체포되어 처형당한 뒤 아무르강에 버려진 것으로 알려져 있다. 화자에게 그곳은 "우리 굳센 꿈, 피맺힌 세월"이 원수로 또 상처로 남아 있다.

화자의 슬픈 마음을 모르는지 그곳에는 "새벽안개 찬 이슬 내리고/하염없이 기차가" 달린다. "가도 가도 끝이 없는 자작나무 숲"과 아름다운 "바이칼"도 보인다. 화자는 "강철 같은 그날"이며 "꿈길 같은 그날을" 기차 소리와 함께 쓸쓸하게 듣는다. 그날의 참상을 패배한 역사로 기억하는 것이다.

화자는 그날의 투쟁이 패배했다고 할지라도 영원한 패배는 아니라고 생각한다. 마치 신동엽 시인이 「금강」에서 동학혁명, 3·1혁명, 4·19혁명이 비록 실패했다고 할지라도 언젠가는 민중들에 의해 다시 일어날 것을 믿은 것과 같다. 그리하여 화자는 "아리랑 아리랑 아라리요"라고 흥얼거리며 "당신의 투혼을 불러"본다. "우리 사랑 그 어느 날에 영원히 만날까"라는 희망도 부른다.

화자는 "꽃이 피었네 꽃이 피었네"라고 자신의 열망을 담아 부른다. "천 개의 꽃이 피었네"라고 더해 부른다. 화자는 그 꽃이 "눈물로 피는 꽃"이고 "바람의 꽃"인 것을 잊지 않고, "천 개의 사연으로" 핀 역사를 가슴에 품는다. 민족의 슬픔을 사랑의 토대로 삼고 김 알렉산드라의 투혼을 꽃피우는 것이다.

孟文在 | 문학평론가 · 안양대 교수

푸른사상 시선

1 광장으로 가는 길 | 이은봉·맹문재 엮음
2 오두막 황제 | 조재훈
3 첫눈 아침 | 이은봉
4 어쩌다가 도둑이 되었나요 | 이봉형
5 귀뚜라미 생포 작전 | 정원도
6 파랑도에 빠지다 | 심인숙
7 지붕의 등뼈 | 박승민
8 살찐 슬픔으로 돌아다니다 | 송유미
9 나를 두고 왔다 | 신승우
10 거룩한 그물 | 조항록
11 어둠의 얼굴 | 김석환
12 영화처럼 | 최희철
13 나는 너를 닮고 | 이선형
14 철새의 일인칭 | 서상규
15 죽은 물푸레나무에 대한 기억 | 권진희
16 봄에 덧나다 | 조혜영
17 무인 등대에서 휘파람 | 심창만
18 물결무늬 손뼈 화석 | 이종섶
19 맨드라미 꽃눈 | 김화정
20 그때 나는 학교에 있었다 | 박영희
21 달함지 | 이종수
22 수선집 근처 | 전다형
23 족보 | 이한걸
24 부평 4공단 여공 | 정세훈
25 음표들의 집 | 최기순
26 나는 지금 운전 중 | 윤석산
27 카페, 가난한 비 | 박석준
28 아내의 수사법 | 권혁소
29 그리움에는 바퀴가 달려 있다 | 김광렬
30 올랜도 간다 | 한혜영
31 오래된 숯가마 | 홍성운
32 엄마, 엄마들 | 성향숙
33 기룬 어린 양들 | 맹문재
34 반국 노래자랑 | 정춘근
35 여우비 간다 | 정진경
36 목련 미용실 | 이순주
37 세상을 박음질하다 | 정연홍
38 나는 지금 외출 중 | 문영규
39 안녕, 딜레마 | 정운희
40 미안하다 | 육봉수
41 엄마의 연애 | 유희주
42 외포리의 갈매기 | 강 민
43 기차 아래 사랑법 | 박관서
44 괜찮아 | 최ونه묵
45 우리집에 왜 왔니? | 박미라
46 달팽이 뿔 | 김준태
47 세온도를 그리다 | 정선호
48 너덜겅 편지 | 김 완
49 찬란한 봄날 | 김유섭
50 웃기는 짬뽕 | 신미균
51 일인분이 일인분에게 | 김은정
52 진뫼로 간다 | 김도수
53 터무니 있다 | 오승철
54 바람의 구문론 | 이종섶
55 나는 나의 어머니가 되어 | 고현혜
56 천만년이 내린다 | 유승도
57 우포늪 | 손남숙
58 봄들에서 | 정일남
59 사람이나 꽃이나 | 채상근
60 서리꽃은 왜 유리창에 피는가 | 임 윤
61 마당 깊은 꽃집 | 이주희
62 모래 마을에서 | 김광렬
63 나는 소금쟁이다 | 조계숙
64 역사를 외다 | 윤기묵
65 돌의 연가 | 김석환
66 숲 거울 | 차옥혜
67 마네킹도 옷을 갈아입는다 | 정대호
68 별자리 | 박경조
69 눈물도 때로는 희망 | 조선남
70 슬픈 레미콘 | 조 원
71 여기 아닌 곳 | 조항록
72 고래는 왜 강에서 죽었을까 | 제리안
73 한생을 톡 토독 | 공혜경
74 고갯길의 신화 | 김종상
75 고개 숙인 모든 것 | 박노식
76 너를 놓치다 | 정일관
77 눈 뜨는 달력 | 김 선
78 거꾸로 서서 생각합니다 | 송정섭
79 시절을 털다 | 김금희
80 발에 차이는 돌도 경전이다 | 김윤현

81 **성규의 집** | 정진남
82 **번함 공원에서 점을 보다** | 정선호
83 **내일은 무지개** | 김광렬
84 **빗방울 화석** | 원종태
85 **동백꽃 편지** | 김종숙
86 **달의 알리바이** | 김춘남
87 **사랑할 게 딱 하나만 있어라** | 김형미
88 **건너가는 시간** | 김황흠
89 **호박꽃 엄마** | 유순예
90 **아버지의 귀** | 박원희
91 **금왕을 찾아가며** | 전병호
92 **그대도 내겐 바람이다** | 임미리
93 **불가능을 검색한다** | 이인호
94 **너를 사랑하는 힘** | 안호희
95 **늦게나마 고마웠습니다** | 이은래
96 **버릴까** | 홍성운
97 **사막의 사랑** | 강계순
98 **베트남, 내가 두고 온 나라** | 김태수
99 **다시 첫사랑을 노래하다** | 신동원
100 **즐거운 광장** | 백무산·맹문재 엮음
101 **피어라 모든 시냥** | 김자흔
102 **염소와 꽃잎** | 유진택
103 **소란이 환하다** | 유희주
104 **생리대 사회학** | 안준철
105 **동태** | 박상화
106 **새벽에 깨어** | 여국현
107 **씨앗의 노래** | 차옥혜
108 **한 잎** | 권정수
109 **촛불을 든 아들에게** | 김창규
110 **얼굴, 잘 모르겠네** | 이복자
111 **너도꽃나무** | 김미선
112 **공중에 갇히다** | 김덕근
113 **새점을 치는 저녁** | 주영국
114 **노을의 시** | 권서각
115 **가로수의 수학 시간** | 오새미
116 **염소가 아니어서 다행이야** | 성항숙
117 **마지막 버스에서** | 허윤설
118 **장생포에서** | 황주경
119 **흰 말채나무의 시간** | 최기순
120 **을의 소심함에 대한 옹호** | 김민휴
121 **격렬한 대화** | 강태승
122 **시인은 무엇으로 사는가** | 강세환
123 **연두는 모른다** | 조규남
124 **시간의 색깔은 자신이 지향하는 빛깔로 간다** | 박석준
125 **뼈의 노래** | 김기홍
126 **가끔은 길이 없어도 가야 할 때가 있다** | 정대호
127 **중심은 비어 있었다** | 조성웅
128 **꽃나무가 중얼거렸다** | 신준수
129 **헬리패드에 서서** | 김용아
130 **유랑하는 달팽이** | 이기헌
131 **수제비 먹으러 가자는 말** | 이명윤
132 **단풍 콩잎 가족** | 이 철
133 **먼 길을 돌아왔네** | 서숙희
134 **새의 식사** | 김옥숙
135 **사북 골목에서** | 맹문재
136 **왜 네가 아니면 전부가 아닌지** | 정운희
137 **멸종위기종** | 원종태
138 **프엉꽃이 데려온 여름** | 박경자
139 **물소의 춤** | 강현숙
140 **목포, 에말이요** | 최기종
141 **식물성 구제시** | ㅛ 원
142 **꼬치 아파** | 윤임수
143 **아득한 집** | 김정원
144 **여기가 막장이다** | 정연수
145 **곡선을 기르다** | 오새미
146 **사랑이 가끔 나를 애인이라고 부른다** | 서화성
147 **더글러스 퍼 널빤지에게** | 백수인
148 **나는 누구의 바깥에 서 있는 걸까** | 박은주
149 **풀이라서 다행이다** | 한영희
150 **가슴을 재다** | 박설희
151 **나무에 기대다** | 안준철
152 **속삭거려도 다 알아** | 유순예
153 **중딩들** | 이봉환
154 **수평은 동무가 참 많다** | 김정원
155 **황금 언덕의 시** | 김은정
156 **고요한 세계** | 유국환
157 **마스카라 지운 초승달** | 권위상
158 **수궁가 한 대목처럼** | 장우원
159 **목련 그늘** | 조용환
160 **그대라면, 무슨 부탁부터 하겠는가** | 박경조
161 **동행** | 박시교
162 **광부의 하늘이 무너졌다** | 성희직
163 **천년에 아흔아홉 번** | 김려원
164 **이별 후에 동네 한 바퀴** | 이인호
165 **무릉별유천지 사람들** | 이애리
166 **오늘의 지층** | 조숙향

167 **오른쪽 주머니에 사탕 있는 남자 찾기** | 김임선
168 **소리들** | 정 온
169 **울음의 기원** | 강태승
170 **눈 맑은 낙타를 만났다** | 함진원
171 **도살된 황소를 위한 기도** | 김옥성
172 **그날의 빨강** | 신수옥
173 **의지와 표상으로서의 세계이니** | 박석준
174 **촛불 하나가 등대처럼** | 윤기묵
175 **목을 꺾어 슬픔을 죽이다** | 김이하
176 **미시령** | 김 림
177 **소나무 방정식** | 오새미
178 **골목 수집가** | 추필숙
179 **지워진 길** | 임 윤
180 **달이 파먹다 남은 밤은 캄캄하다** | 조미희
181 **꽃도 서성일 시간이 필요하다** | 안준철
182 **안산행 열차를 기다린다** | 박봉규
183 **읽기 쉬운 마음** | 박병란
184 **그림자를 옮기는 시간** | 이미화
185 **햇볕 그 햇볕** | 황성용
186 **내가 지켜내려 했던 것들이 나를 지키고** | 김용아
187 **신을 잃어버렸어요** | 이성혜
188 **웃음과 울음 사이** | 윤재훈
189 **그 길이 불편하다** | 조혜영
190 **귤과 달과 그토록 많은 날들 속에서** | 홍순영
191 **버려진 말들 사이를 걷다** | 봉윤숙
192 **나는 그를 지우지 못한다** | 정원도
193 **시인 안에 북적이는 찌꺼기들** | 최일화
194 **세렝게티의 자비** | 전해윤
195 **고양이의 저녁** | 박원희
196 **고요한 세상의 쓸쓸함은 물밑 한 뼘 어디쯤일까** | 금시아
197 **순포라는 당신** | 이애리
198 **고요한 노동** | 정세훈
199 **별** | 정일관
200 **시간의 색깔은 꽃나무처럼 환하다** | 백무산·맹문재 엮음
201 **꽃에 쏘였다** | 이혜순
202 **우수와 오수 사이** | 이 윤
203 **열렬한 심혈관** | 양선주
204 **머문 날들이 많았다** | 박현우
205 **죄의 바탕과 바닥** | 강태승
206 **곰팡이도 꽃이다** | 윤기묵
207 **지팡이는 자꾸만 아버지를 껴입어** | 이혜민
208 **진뫼 오리길** | 김도수
209 **연하리를 닮다** | 정유경

체위에 관한 질문

박미현 시집